LETTRE

ADRESSÉE

AU JOURNAL LE CENSEUR.

1846

Lyon. — Imprimerie de Dumoulin et Ronet.

LETTRE

ADRESSÉE AU JOURNAL LE **CENSEUR**.

Bron, le 15 Février 1846.

M. le Rédacteur du CENSEUR,

Il a paru, dans votre journal du 17 décembre dernier, un long article intitulé : *Compte-rendu de l'administration du maire de Bron, canton de Meyzieu, Isère, depuis les élections municipales de l'année 1843*, signé par les sieurs Tillet, Poulet et Dyen, habitants de cette commune.

Il est évident que le but de cet étrange article, rempli de faits contraires à l'exacte vérité, a été de tromper l'opinion publique au sujet de quelques misérables dissensions qui affligent notre commune, et que la malveillance paraîtrait vouloir éterniser.

Pour répondre à ce romanesque fatras où l'on s'efforce, avec la plus insigne déloyauté, de répandre le blâme sur le maire de Bron, M. Gayet, ainsi que sur l'autorité préfectorale, il ne serait besoin, sans doute, comme l'ont fait l'un et l'autre, que de se renfermer, à l'égard des signataires de l'article, dans le silence du mépris; c'était bien aussi notre résolution; mais venant d'apprendre que le numéro du journal précité a été réimprimé à un grand nombre d'exemplaires et répandu avec profusion dans l'arrondissement et dans le canton de Meyzieu, nous avons, malgré nos répugnances, cru devoir prendre la plume, et cela seulement par rapport aux personnes qui sachant fort peu que le rédacteur d'une *feuille publique*, en ayant soin de faire signer les auteurs d'un *article communiqué*, se met ainsi à l'abri de tout reproche de publicité, prennent alors souvent pour *article de foi* la plupart des choses qui se trouvent écrites sur les journaux.

En conséquence, nous nous empressons de recourir à la voie de votre impartiale feuille pour redresser, à la face du public, des faits on ne peut plus erronés, et faire en quelque sorte justice d'un odieux libelle où les assertions les plus absurdes s'allient à la mauvaise foi la plus révoltante.

Ce n'est donc pas à l'inconcevable *pathos*, inséré dans votre journal du 17 décembre 1845, aux amphibologies, aux locutions vicieuses, aux âneries dont il abonde , que nous comptons nous arrêter ; nous sentons parfaitement qu'une querelle de mots serait ici fort déplacée ; aussi notre intention est-elle de nous attacher à démontrer la fausseté de tous les faits allégués contre M. le maire Gayet , de prouver que dans le cours de son administration , il a constamment agi *légalement* et *honnétement;* enfin que s'il est un *fardeau* pour quelques-uns de ses administrés , il ne l'est point pour la généralité ; il est , au contraire , certain que le conseil municipal et lui, nommés par des électeurs qui, réunis, paient plus des deux tiers de l'impôt de la commune , se trouvent être à la fois aujourd'hui la représentation de la véritable majorité et de l'heureux système constitutionnel qui nous régit.

En suivant l'ordre du narré de ce bizarre *compte-rendu*, nous ferons remarquer que MM. Gayet et Champye , électeurs , parents à un degré qui , aux termes de la loi du 21 mars 1831, étaient exclus d'une élection simultanée, furent néanmoins désignés aux élections de 1843 pour faire partie du conseil municipal.

Dans un cas semblable, que fallait-il faire? non pas aller à Grenoble pour instruire M. le Préfet (démarche que nous révoquons en doute, vu que si elle eût été faite en temps opportun, M. le Préfet, dans ses principes de justice et d'impartialité , aurait annulé d'office l'élection de l'un des conseillers) , mais conformément à l'article 52 de la loi précitée , arguer de nullité les opérations électorales pour cette double nomination , soit au moyen d'une protestation insérée, séance tenante, dans le procès verbal , ou bien par acte extra-judiciaire , signifié au secrétariat de la mairie dans les cinq jours qui ont suivi cette élection ; voilà la marche qu'il fallait suivre.

Qu'est-il résulté de cet oubli des formalités exigées par la loi ? que l'autorité supérieure , ignorant le degré de parenté existant entre les sieurs Gayet et Champye , dut valider la régularité ostensible des élections , ensuite ordonner l'installation du conseil municipal, et, par arrêté du 12 août 1843 , nommer maire M. Gayet.

Qui donc est blâmable dans une telle occurrence ? Sont-ce les plaignants Tillet, Poulet et Dyen, qui, en leur qualité de *légistes profonds sur la matière* , auraient dû prévoir toutes les éventualités contraires à leurs désirs , en avertissant d'une manière légale et en temps utile M. le Préfet ? ou bien est-ce M. Germain , maire d'alors , président des élections , lequel aurait dû , en envoyant le procès-verbal , instruire de cette circonstance les délégués du gouvernement ?

L'autorité supérieure, et par conséquent M. Gayet, maire, ont donc été étrangers à tout ce qui est résulté de l'ignorance du fait dont il vient d'être parlé, et l'on ne comprend pas pourquoi les sieurs Tillet, Poulet et Dyen ont eu l'étourderie de les accuser.

Que les avis de l'ancien maire, des principaux notables, et surtout des membres du conseil géné-ral et du conseil d'arrondissement aient ensuite influé sur la nomination du maire actuel, cela est très-possible ; mais en cela, quand bien même l'ancien maire et les principaux notables auraient avec intention négligé d'instruire les membres de ces conseils et l'autorité préfectorale de la parenté existante entre MM. Gayet et Champye, nous ne craignons pas de dire ici qu'ils ont eu grandement raison.

Avec la nomination de M. Gayet à la place de maire, on était assuré que les mauvais jours de l'administration, de 1831, 1832 et 1833, ne se renouvelleraient plus, et que *l'ordre public* (devise du gouvernement) aurait à Bron une continuation certaine d'existence, malgré la faible et malencontreuse majorité du Conseil municipal qui venait de surgir. Aussi les actes constants d'opposition de cette majorité à l'administration du maire actuel, au détriment du bien-être de la commune, sont-ils, en justifiant la prévision de M. Germain, heureusement restés le plus souvent sans succès.

L'autorité supérieure, quoi qu'en puissent dire les sieurs Tillet, Poulet et Dyen, a eu raison de venir défendre la nomination de M. Gayet au tribunal civil de Vienne, car, avec lui, la tranquillité publique régnait à Bron, surtout depuis qu'il avait rendu, pour la fermeture des cafés et cabarets, un arrêté qui, dans le soi-disant *Compte-rendu*, est qualifié, on ne sait pourquoi, de *nouveauté*, et qu'il la faisait exécuter avec la sévérité nécessaire; de là la cause pour laquelle cet arrêté n'a pu obtenir l'approbation de MM. les cabaretiers, et surtout des personnes qui, au milieu de leurs libations et de leurs orgies journalières, transformaient ces lieux publics en officines de *projets émeutiers*, où se combinaient et se combinent encore, mais seulement jusqu'à dix heures du soir, les produits *spiritueux* et fort peu *spirituels* d'imaginations les plus échauffées s'évaporant toujours de la manière la plus délirante.

Chacun sait que la commune de Bron est actuellement une des communes où l'exécution des réparations des chemins vicinaux s'opère avec le plus de succès et le plus de justice dans le choix annuel de la direction des travaux : qui ne comprend alors que, pour empécher les louanges d'arriver légitimement et publiquement à **M. Gayet**, la narration calomnieuse affirmant, à cet égard, avec une rare impudence, que c'est parce qu'il faisait réparer les chemins les plus à sa convenance personnelle, qu'en 1844, les conseillers municipaux, qui lui étaient opposés, se permirent de vouloir mettre obstacle à leur exécution. Eh bien! la vérité est que leur tentative émeutière n'eut lieu que parce qu'ils voulaient que l'on réparât préalablement les chemins desservant leurs propriétés.

Aussi, M. Gayet, maire, agissait-il dans toute l'étendue de son droit, quand, insulté avec son adjoint par le sieur Tillet, que la majorité nouvelle du Conseil municipal avait nommé secrétaire, il biffait une délibération écrite par ce dernier, laquelle se bornait à relater avec complaisance de basses injures contre l'administration municipale. Certainement alors, si quelqu'un dût avoir tort, ce fut l'autorité supérieure, qui ne *mettait aucun frein* à la sage fermeté et à la modération du maire, et le sieur Tillet devrait être le premier à s'en féliciter.

Revenons aussi à l'affaire des deux beaux-frères.

Quand, d'après le prétendu *compte-rendu*, on a vu que le tribunal civil de Vienne s'était déclaré incompétent, et que la majorité du Conseil municipal avait fait appel de cette décision à la Cour de cassation, à quelle sorte de public les signataires de ce pamphlet se flatteraient-ils de faire croire que M. le Préfet s'est transformé en solliciteur auprès de cette haute et intègre magistrature, afin de se la rendre favorable? Il est pourtant de notoriété que ni lui, ni le Maire, n'ont pas même constitué, à ce sujet, un avocat à Paris.

Il faut être bien niais et n'avoir aucune notion de droit pour supposer que la majorité du public soit assez crédule pour être disposée à avaler bénévolement *que M. le Préfet et le Maire*, alors que l'affaire était renvoyée devant le Tribunal civil de Grenoble, pour être jugée de nouveau, *ont été condamnés solidairement aux dépens liquidés et à tous les frais !!!!*

Mais qui ne sait que la Cour de cassation, dans une question de règlement de juges, ne peut décider à qui doivent échoir les frais, lesquels sont toujours à la charge des demandeurs jusqu'à la solution définitive du procès? Les signataires du *Compte-rendu* auraient-ils, par hasard, certaines raisons impératives pour faire croire à leurs adhérents de Bron, que réellement M. Gayet a été condamné aux dépens qu'ils ont affirmé, en petit comité, devoir s'être élevés jusqu'à 1,500 francs? Auraient-ils besoin d'un semblable terme de comparaison pour faire liquider d'autres frais par leurs tièdes et innocents partisans pour d'autres causes qui seront encore pour eux non résolutives? L'avenir fournira sous peu, sans doute, réponse à des questions dictées par des investigations et des renseignements que des considérations de moralité et une certaine commisération envers les signataires du *Compte-rendu*, nous empêchent de divulguer.

Venant enfin aux listes électorales de 1845 sur lesquelles on a tant devisé et à l'égard desquelles on a tant débité d'historiettes grossières auxquelles il n'a manqué que la vérité : telle que celle où l'on prétend que les listes n'ont point été affichées en temps utile ; celle où l'on annonce que le Maire n'avait pas convoqué le Conseil municipal pour nommer une commission chargée de juger les réclamations, et qu'il l'avait ensuite nommée lui-même en la composant de l'adjoint et d'un conseiller son cousin n'habitant pas la commune ; celle où l'on cite des électeurs adjoints officiers de la garde-nationale comme ne devant point voter, et enfin celle, la plus extraordinaire de toutes, où l'on annonce que *treize* individus avaient été faits fermiers par les amis du Maire à raison des futures élections ! Si l'espace nous le permettait, il serait facile de faire apprécier une à une ces diverses allégations inventées et publiées avec une intention perfide. Qu'il nous suffise de dire: que toutes ces prétendues fraudes ont été considérées comme elle devaient l'être par le conseil de préfecture qui a rendu un arrêté de non-lieu à l'égard des dénonciations qu'on avait osé lui adresser à ce sujet.

Si le nombre *treize a été de mauvais augure* et a porté malheur, c'est certainement aux sieurs Tillet, Poulet et Merlin, alors qu'accusés d'avoir troublé les élections du 22 juin 1845, ils comparaissaient devant le tribunal de police correctionnelle et quand, leur avocat, trompé par leurs affirmations, interrogeant les témoins à charge qu'on lui avait signalés comme étant du nombre de ces *treize* électeurs, fut tout stupéfait d'entendre les énergiques démentis qui lui étaient adressés à la face du tribunal et qui lui prouvaient que ces nouveaux électeurs avaient été inscrits en vertu de délégations d'impôts de leurs mères qu'ils avaient ajoutés à ceux de leur héritage paternel. Aussi, quelqu'habile qu'il fût, s'aperçut-on de suite qu'obligé de changer son projet de plaidoirie sur lequel il avait sans doute fondé son succès, il ne put alors être à la hauteur de son talent ordinaire, généralement connu et admiré. La condamnation de ses clients ne peut donc lui être attribuée ; eux seuls avaient ainsi diminué les chances de leur acquittement, puisqu'ils l'avaient basé sur des faits tronqués semblables à ceux qui constituent dans son entier leur indécente diatribe. Ils ont donc encore bien tort, quand, après avoir voulu tourner en ridicule la déposition modérée du Maire à l'audience, ils essaient de faire penser à leurs lecteurs : que c'est à l'intérêt qu'ils ont fait naître qu'ils ont dû la faveur d'avoir été graciés ; ce qui nous oblige à leur rappeler que personne n'ignore que grâce ne leur a été faite qu'après avoir subi une partie de leur peine, et qu'en suite de leurs sollicitations incessantes heureusement appuyées de l'influence d'hommes justement honorés, et dont la générosité et la bienveillance bien connues de l'un d'eux, auxquelles ils avaient fait appel, ne pouvaient leur faillir.

Que dire enfin des accusations qui terminent le pamphlet auquel nous répondons et qui ont rapport au rôle de prestation en nature de 1846 ? Que nous nous trouvons encore dans la nécessité de faire connaître qu'elles portent le même cachet de fausseté que les précédentes ; puisque les bulletins, qu'avec une effronterie sans exemple, on annonce avoir été remis au commencement de décembre, n'ont été délivrés à chaque prestataire que depuis le commencement de janvier, ainsi que cela a été et est toujours d'usage dans l'administration des contributions directes. D'où il résulte que tout l'échafaudage de mensonges inventés au sujet de la nature de chacun de ces bulletins, s'est écroulé à la publication de nos listes électorales le 8 du mois de janvier passé, et sur esquelles on cherche encore vainement ce nombre de *treize* électeurs fermiers.

Voilà pourquoi nous arrivons à conclure que nous conserverons à notre commune, avec plus de certitude que jamais, l'administration loyale et paternelle que nous possédons, dont les heureux effets qui se sont déjà manifestés, n'étant plus entravés par une opposition systématique, vont donner bientôt cours aux améliorations et embellissements qui viennent d'être projetés par ses ordres et approuvés par l'autorité préfectorale. Que cette administration, constamment mue par le but moral qui la guide, parviendra, ainsi qu'elle l'a déjà fait, en nous ralliant de plus en plus, à faire oublier ces jours de désastreuse mémoire de 1831, 1832 et 1833,

Où, pour exécuter la loi sur les chemins vicinaux, on ne faisait élargir la voie dans toute sa longueur que vis-à-vis les terrains de ceux qui n'étaient point les amis du Maire ;

Où le Ministre de l'intérieur était obligé, sur des plaintes qui lui étaient adressées, de rendre un arrêté pour ordonner la restitution des pierres tumulaires qui avaient été enlevées du cimetière, parce que les parents des morts n'étaient pas les approbateurs de l'administration municipale ;

Où, enfin, au milieu des vexations sans nombre dont les honnêtes gens étaient l'objet, nous avions encore la crainte de voir le chef de cette administration municipale, être forcé de venir s'asseoir sur les bancs de la police correctionnelle, comme prévenu du délit d'usure et du délit plus grave encore prévu par le dernier paragraphe de l'article 4 de la loi du 3 septembre 1807.

Espérant que la publicité de cette lettre suffira pour faire apprécier, une fois pour toutes, les faits si bizarrement narrés et arrangés dans le *compte-rendu* des sieurs Tillet, Poulet et Dyen ; espérant qu'en même tems elle fera comprendre comment on doit envisager tout ce que ces Messieurs pourraient avoir encore la fantaisie d'écrire à l'égard du Maire de Brou, nous annoncerons ici qu'en raison de notre éloignement pour une semblable polémique, et de notre répugnance à discuter avec des personnes étrangères, par leur éducation, à tous procédés sociaux, nous ne répondrons plus désormais à leurs plats quolibets, à leurs sottes calomnies, aux pauvretés que leur esprit enfante avec si peu de peine. Il est des gens placés si bas par leurs qualités morales, que leurs attaques, quel qu'en pourraient être les effets, ne sauraient jamais atteindre la hauteur de nos dédains.

En vous priant, M. le Rédacteur, d'agréer nos remercîments pour l'insertion du présent article, recevez aussi les assurances de notre parfaite considération.